AF327862

LE
CONTRAT SOCIAL
DE L'AVENIR

SUIVI D'UN

PROJET DE CONSTITUTION DU PEUPLE FRANÇAIS

PAR

P.-Ch. JOUBERT et A. SAGNIER.

Tout par le peuple et pour le peuple.

PARIS

LIBRAIRIE ADMINISTRATIVE, AGRICOLE ET SCIENTIFIQUE

André **SAGNIER**, Éditeur

7, Carrefour de l'Odéon, 7

(Anciennement rue de Fleurus, 9)

JUIN 1871

LE CONTRAT SOCIAL DE L'AVENIR.

Un siècle est écoulé depuis que Rousseau se posait le problème suivant :

« Trouver une forme d'association qui défende et protège, de toute
» la force commune, la personne et les biens de chaque associé, et par
» laquelle chacun s'unissant à tous, n'obéisse pourtant qu'à lui-même
» et reste aussi libre qu'auparavant. »

Depuis 1754, les termes de la proposition sont toujours les mêmes, car Rousseau n'a pu, en raison du milieu dans lequel il vivait, que poser des bases ; bases immenses, il est vrai, puisqu'elles ont servi à l'élévation de l'édifice émancipateur de 1789.

Mais *autre temps, autres mœurs :* depuis un siècle, les idées se sont modifiées, ont grandi, et, de par l'instruction, ont pénétré dans les profondeurs des masses ; le but est toujours le même, mais les voies sont changées.

A l'époque où écrivait l'illustre penseur, la féodalité existait encore. Aujourd'hui elle a disparu pour faire place à l'égalité des fonctions ; de là résulte d'autres termes dans la proposition.

Il ne suffit pas de construire des théories irréalisables dans la pratique, car c'est généralement là l'écueil sur lequel sont venus sombrer tous les systèmes, qui, au premier abord, paraissaient d'une application possible. On a toujours voulu assouplir l'homme ou changer sa nature pour le triomphe d'un principe, et on n'a pu aboutir, tandis qu'il fallait laisser l'homme avec ses aspirations bonnes ou mauvaises, donner un libre essor à son libre arbitre, et donner à ce libre essor une direction en rapport avec le bien-être social.

Aussi nous nous efforcerons, dans l'étude qui va suivre, de prendre l'homme tel qu'il est aujourd'hui, avec ses défauts et ses vices, avec son éducation incomplète, avec ses idées préconçues, et qui lui ont été inculquées dans le sens du milieu où il a été élevé. Nous ne changerons rien à son organisation ; seulement nous mettrons nos principes théoriques à la hauteur de ses aptitudes. Ces principes iront le chercher, l'éclaireront sans violenter son individualisme, au lieu que, jusqu'à présent, c'est son individualisme qui a été forcé de faire un choix, parmi les nombreuses théories émises ; de là ce nombre considérable de groupes, d'écoles politiques et sociales, qui ne forment réellement, dans l'état de choses actuel, qu'une véritable Babel.

Les hommes politiques de toutes les nations sont d'avis que le genre humain appartient de droit à un certain nombre d'hommes. Suivant eux, le genre humain est un troupeau qui doit avoir pour conducteur un pâtre pouvant, selon sa volonté, en faire ce que bon lui semble, pouvant même, à l'occasion et suivant son caprice, tailler à merci une partie plus ou moins considérable des animaux qu'il tient sous sa toute puissance et en tuer ou manger un, plusieurs, ou tous, s'il y trouve sa satisfaction personnelle.

La France a été, pendant bien des siècles, un de ces troupeaux; et son dernier pâtre a bien certainement été l'un des plus indignes que l'enfer ait jamais vomi sur la terre. L'Allemagne est également un de ces troupeaux, et elle a aussi un pâtre de la pire espèce, puisqu'il a pour devise le honteux principe : *La force prime le droit.*

La force prime le droit, dites-vous, maître Guillaume? Écoutez à ce sujet l'opinion d'un homme qui valait peut-être mieux que vous ou que vos ministres, écoutez Rousseau :

« La force est une puissance physique, je ne vois pas quelle mora-
» lité peut résulter de ses effets. Céder à la force est un acte de néces-
» sité, non de volonté; c'est tout au plus un acte de prudence. En
» quel sens pourra-ce être un devoir ?

» Supposons un moment ce prétendu droit. Je dis qu'il n'en résulte
» qu'un galimatias inexplicable; car sitôt que c'est la force qui fait
» le droit, l'effet change avec la cause : toute force qui surmonte la
» première, succède à son droit. Sitôt qu'on peut désobéir impuné-
» ment, on le peut légitimement, et puisque le plus fort a toujours
» raison, il ne s'agit que de faire en sorte qu'on soit le plus fort. Or,
» qu'est-ce qu'un droit qui périt quand la force cesse? S'il faut obéir
» par force, on n'a pas besoin d'obéir par devoir ; et si l'on n'est plus
» forcé d'obéir, on n'y est plus obligé. On voit donc que le mot *droit*
» n'ajoute rien à la force, il ne signifie ici rien du tout. »

La force ne prime donc pas le droit. Nous dirons, en outre, que tout homme qui vient au monde naît libre, que tout homme qui re-nonce à sa liberté se fait esclave, et par suite, renonce à ses droits de citoyen. S'il plaît à mon père d'aliéner sa liberté, ce n'est pas une raison pour qu'il aliène celle de ses enfants. Si mon père s'est donné à un souverain qui le gruge et l'exploite, est-là une raison pour que j'en fasse autant ! et suis-je rebelle si je me révolte contre un marché que je n'ai pas consenti, moi, homme libre ? L'enfant devenu homme a le droit de récuser le contrat fait en son nom, et de proclamer avec Rousseau le pacte social républicain qui consiste : « A mettre en commun sa personne et toute sa puissance sous la suprême direction de la volonté générale. »

Dans un état social semblable, il y a unité de vues et de moyens, et cependant l'individualisme ne cesse d'exister. Celui-ci concourt librement à l'œuvre collective et ne perd aucune de ses facultés propres. Ce sont là les caractères distinctifs d'un gouvernement vraiment républicain.

Alors chacun peut travailler pour le bien-être commun, tout en s'occupant de son bien-être personnel ; il y a même une telle connexité dans les fonctions, qu'il n'est pas possible que toute action collective ne réagisse pas sur l'intérêt privé, de même que toute action privée ne participe pas à maintenir l'action collective.

Sous un état monarchique, ce double but ne saurait être atteint. Le souverain, c'est-à-dire un seul homme, est maître de tous. Ce n'est pas un père de famille qui nourrit et élève ses enfants, ce sont ces derniers qui le nourrissent, qui satisfont à tous ses désirs, à tous ses caprices, à toutes ses dépenses. En revanche, il devrait donner à *son* peuple la tranquillité ; mais ce devoir est encore une illusion. Pour satisfaire ses appétits, il lève, de son autorité privée, de nouveaux impôts ; pour satisfaire son ambition, il déclare la guerre et envoie *son* peuple à la boucherie, sans que celui-ci ait le droit de se plaindre. Il est maître enfin, et le peuple esclave obéit, paye les caprices du chef avec ses sueurs, ses larmes, son argent, sa liberté et son sang, puis ces abominations se perpétuent de génération en génération, jusqu'à l'extinction de chaque dynastie.

Mais supposons le peuple tranquille, supposons une paix durable, des impôts modérés ; les gouvernés en seront-ils plus heureux ? Oui, si l'on compare ces derniers à des brutes, car, comme le dit très-judicieusement Rousseau : « on vit tranquille dans les cachots, en est-ce assez pour se trouver bien ? » Évidemment non ! Pour que l'homme soit heureux, il est nécessaire qu'il jouisse de son libre arbitre, qu'il dispose de lui à sa guise, qu'il puisse toujours travailler dans son intérêt et dans l'intérêt commun. Si cet équilibre vient parfois à se rompre, c'est seulement dans le cas extrême où le corps social tout entier est en danger. Le libre arbitre alors est un moment suspendu ; mais cette suspension est générale, et les vues convergent vers un but commun : la destruction de l'obstacle et le prompt rétablissement de l'équilibre rompu.

Ceux qui n'admettent pas ces principes sont des brutes qui, n'ayant, comme l'escargot, d'autre horizon que leur coquille, ne veulent pas voir au-delà, ou les esclaves d'un pouvoir monarchique absolu. Ces derniers sont des laquais sans cœur : ils ont du ventre, mais la poitrine fait défaut, ou du moins elle n'est pas assez développée pour y loger le cœur. Malheureusement les brutes et les esclaves forment encore, à l'heure actuelle, un groupe important, et comme nous ne pouvons

les transformer du jour au lendemain, prenons-les comme ils sont,
car ils ne gêneront nullement l'harmonie du clavier social, tel que
nous le comprenons.

Il y a une classe de citoyens qui portent ombrage aux hommes qui
s'occupent de politique sociale : je veux parler des brouillons, des
exaltés, des Brutus au petit pied, des Marat et des Robespierre au
cerveau étroit. Ceux-là cependant, je ne saurai les répudier, ce sont
encore pour nous de précieux auxiliaires, des boute-en-train utiles ;
ils contrebalanceront fructueusement l'inertie des brutes et stimuleront
le mauvais vouloir des esclaves. Je l'ai dit et le répète, il ne faut
exclure du clavier social aucun caractère, aucune idiosyncrasie. Tout
homme a sa fonction utile, nécessaire même. Faire une société modèle
pour la mise en œuvre d'une forme gouvernementale quelconque est
chose impossible ; mais approprier une forme gouvernementale à une
société composée des éléments les plus hétérogènes est chose facile,
comme nous le prouverons plus loin.

Par ce qui précède, on s'aperçoit déjà que les intérêts du monarque
ne sont nullement ceux du peuple et qu'il y a forcément, entre ces
deux puissances, incompatibilité de fonctions ; d'où il résulte que si
le monarque veut conserver son trône, il est forcément obligé d'ins-
crire sur son drapeau la fameuse devise : *La force prime le droit*. Il
lui faut alors une nombreuse cohorte de serviteurs et une armée en
rapport avec la population qui constitue sa nation.

Nous n'ignorons pas que le monarque a intérêt à ce que le peuple
prospère, car, dans le cas contraire, l'impôt rentre difficilement, et la
caisse du gouvernant baisse de niveau. Mais le monarque, même en
le supposant parfait, ce qui ne peut être, est dans l'impossibilité de
voir et de juger par lui-même, surtout dans un vaste état, des faits
et des choses. Il est donc nécessairement obligé de s'en rapporter à
ses créatures, dont la fortune dépend de celle du maître. C'est encore
là, suivant nous, une raison majeure, qui rend le gouvernement
monarchique impossible.

Une troisième raison plus sérieuse encore, c'est qu'il y a réellement
inégalité d'intérêt entre le gouvernant et le gouverné ; que, si ce
dernier invoque le droit, il est de suite taxé de rebelle : il est rebelle
s'il ne veut pas souscrire aux engagements politiques pris par son
père ou son aïeul ; il est rebelle s'il ose réclamer une modification
ou une réforme qui intéresse la masse ; il est rebelle s'il exprime
hautement sa pensée ; il est rebelle si, dans les comices, il ne vote
pas avec les serviteurs du pouvoir ; il est encore rebelle s'il s'oppose,
la loi en main, aux empiètements, aux illégalités du souverain, et ces

soi-disantes rébellions le conduisent inévitablement à la prison, à l'exil ou à la transportation sans jugement ([1]).

En économie politique, il n'y a rien de nouveau sous le soleil. L'histoire ancienne nous en fournit bien des preuves.

Le mage Smerdis venait d'être tué. Les conjurés Otanes, Intaphernes, Aspathines, Gobryas, Mégabyse, Hydarnes et Darius s'assemblent et délibèrent sur la forme qu'ils doivent donner au gouvernement. Le discours d'Otanes serait-il fort déplacé aujourd'hui ? Le lecteur jugera.

Je crois, dit-il, que l'on ne doit plus désormais confier l'administration de l'Etat à un seul homme, le gouvernement monarchique n'étant ni agréable ni bon. Vous savez à quel point d'insolence en était venu Cambyses et vous avez éprouvé vous-mêmes celle du mage (Smerdis). Comment, en effet, la monarchie pourrait-elle être un bon gouvernement? Le monarque fait ce qu'il veut, sans rendre compte de sa conduite. L'homme le plus vertueux élevé à cette haute dignité perdrait bientôt toutes ses bonnes qualités; car l'envie naît avec tous les hommes et les avantages dont jouit un monarque le portent à l'insolence. Or, quiconque a ces deux vices, a tous les vices ensemble: tantôt il commet dans l'ivresse de l'insolence les actions les plus atroces, et tantôt par l'envie. Un roi devrait être exempt d'envie, du moins parce qu'il jouit de toutes sortes de biens; mais c'est tout le contraire, et ces sujets ne le savent que trop par expérience. Il haït les honnêtes gens et semble chagrin de ce qu'il en existe encore. Il n'est bien qu'avec les méchants. Il prête volontiers l'oreille à la calomnie; il acueille les délateurs; mais ce qu'il y a de plus bizarre, si on le loue modestement, il s'en offense: si au contraire on le recherche avec empressement, il en est pareillement blessé, et il ne l'impute qu'à la plus basse flatterie: enfin, et c'est là le plus terrible des inconvénients, il renverse les lois de la patrie; il attaque l'honneur des femmes et fait mourir qui bon lui semble, sans observer aucune formalité. Il n'en est pas de même du gouvernement démocratique. Premièrement, on l'appelle Isonomie — l'égalité des lois, l'égale distribution de la justice —; c'est le plus beau de tous les noms. Secondement, il ne s'y commet aucun de ces désordres qui sont inséparables de l'état monarchique. Le magistrat y est élu au sort; il est comptable de son administration, et toutes les délibérations s'y font en commun. Je suis donc d'avis d'abolir le gouvernement monarchique et d'établir le démocratique, parce que tout se trouve dans le peuple. (Hérodote, *Thalie,* liv. III, LXXX. 523 ans av. J.-C.).

<hr>

([1]) Nous désirons vivement ne faire allusion qu'au passé, en rappelant les plus mauvais jours de la dictature militaire à laquelle notre pays a été soumis pendant vingt ans. Les circonstances actuelles sont loin d'être les mêmes; les rebelles de 1871 se sont mis, par leurs actes, hors le droit, hors la loi, tandis qu'en décembre 1851, les adversaires du coup-d'état représentaient l'un et l'autre.

Le pauvre cherche continuellement à sortir de la misère, le riche fait de constants efforts pour se maintenir dans son usurpation. Rien ne favorise plus le *statu quo* de ces deux positions que le gouvernement monarchique, parce qu'en général, quoiqu'on fasse et quoiqu'on dise, la loi monarchique, ou plutôt émanant du monarque, favorise toujours plus le riche que le pauvre. « Le gouvernement républicain a » cela de remarquable, dit Rousseau, qu'il substitue une égalité mo- » rale et légitime à ce que la nature avait pu mettre d'inégalité phy- » sique entre les hommes, et que pouvant être inégaux en force ou en » génie, ils deviennent tous égaux par convention et de droit. »

La volonté générale doit donc seule diriger l'État, elle seule peut conduire à l'impartialité et par suite à l'égalité, tandis que la volonté de quelques uns ne peut s'accorder avec elle. Aussitôt qu'un peuple admet la volonté d'un seul — monarchie — ou la volonté de quelques uns — oligarchie — il fait abnégation de son pouvoir et ne tarde pas à tomber en esclavage.

La souveraineté d'un gouvernement doit être indivisible; mais cette souveraineté n'a de raison d'être qu'autant qu'elle est générale et qu'elle appartient au peuple tout entier. Le principe si vrai de l'indivisibilité n'a pas échappé à l'esprit des monarques, mais, comme il fallait céder aux aspirations populaires, ils lui ont fait quelques concessions, en divisant la souveraineté en puissance législative et en puissance exécutive, en créant la représentation nationale, en élargissant enfin les cens électoral jusqu'au suffrage universel. Mais en réalité, ces soi-disantes concessions n'émanent que d'une autorité souveraine, qui les manie à sa guise, selon l'occasion et dans son intérêt propre. C'est un os qu'on a donné en pâture au peuple pour calmer ses élans vers la liberté; mais, avant de lui donner cet os, on a eu le soin de le dépouiller de toutes les parties nutritives qui pouvaient encore y adhérer.

Dans ces derniers temps, le suffrage universel a paru cependant être la solution définitive; mais on s'aperçoit aujourd'hui qu'il n'en est rien; non parce que le suffrage universel est souvent un mauvais juge, mais seulement parce que sous un gouvernement monarchique et même oligarchique, son principe est essentiellement vicié. A ce sujet Rousseau s'exprime ainsi :

« Si, quand le peuple suffisamment informé délibère, les citoyens « n'avaient aucune communication entre eux, du grand nombre de « petites différences résulterait toujours la volonté générale, et la « délibération serait toujours bonne. Mais quand il se fait des bri- « gues, des associations partielles aux dépens de la grande, la volonté « de chacune de ses associations devient générale par rapport à ses

« membres et particulière par rapport à l'État ; on peut dire alors
« qu'il n'y a plus autant de votants que d'hommes, mais seulement
« autant que d'associations : les différences deviennent moins nom-
« breuses et donnent un résultat moins général. Enfin , quand une
« de ces associations est si grande qu'elle l'emporte sur toutes les
« autres, vous n'avez plus pour résultat une somme de petites diffé-
« rences, mais une différence unique : alors , il n'y a plus de volonté
« générale et l'avis qui l'emporte n'est qu'un avis particulier.

« Il importe donc, pour avoir bien l'énoncé de la volonté générale,
qu'il n'y ait pas de société partielle dans l'État et que chaque citoyen
n'opine que d'après lui. »

Depuis vingt-deux ans nous roulons dans le même cercle vicieux ;
il est temps d'en sortir et, pour en sortir il suffit de laisser au suffrage
universel toute la plénitude de sa volonté , ce qui ne peut advenir
que sous l'égide tutélaire de la république démocratique.

Mais si, dans un état républicain, tous les citoyens votent la loi, il
ne peut en être de même de l'exécution. Un ordre peut être donné
par une puissance collective, mais l'exécution ne peut s'effectuer que
par un seul, ou au moins par un groupe restreint, ayant les connaissances nécessaires à la fonction à laquelle il est appelé. Il est donc
indispensable que le peuple ait des agents ou ministres pour exécuter
les ordres qu'il donne, les lois qu'il décrète. Le corps exécutif doit
donc avoir l'exercice de la puissance exécutive.

De plus, à côté du pouvoir législatif et exécutif, il en faut un troisième : c'est le corps légiférant. Le peuple veut toujours le bien, mais
la raison lui fait souvent défaut ; sinon la raison, le jugement n'est
pas toujours éclairé. Ainsi, par exemple, moi citoyen, je propose la
séparation de l'Église et de l'État : c'est là le fond de ma pensée, mais
je suis impuissant à la formuler, car il faut que je connaisse les lois
antérieures, que je sache celles que ma proposition doit abroger, etc.
J'adresse alors mon projet au pouvoir exécutif qui le renvoie au corps
légiférant, lequel le formule sous forme de loi. Celle-ci est soumise
au souverain — le peuple — qui admet, rejète ou modifie, et l'exécutif
se charge alors de l'application. Le mécanisme est simple , nous y
reviendrons tout à l'heure.

L'œuvre du corps légiférant est des plus difficiles, nous ne l'ignorons pas. Les membres de ce corps ne peuvent faire partie de l'exécutif, et ils ne doivent jamais perdre de vue, dans la rédaction à
intervenir , que si la volonté individuelle du peuple n'est qu'un
atôme sans importance, c'est-à-dire un peu plus que rien, la majorité
collective est supérieure à la somme des forces individuelles agissant
sans ensemble.

Toute loi votée doit avoir pour base l'égalité, sinon cette loi n'en est pas une, puisqu'elle exclue du corps social une fraction de ses membres et que sans égalité, il n'y a pas de liberté possible. Nous n'ignorons pas qu'il est difficile, dans un état politique, de maintenir sur un plan constamment horizontal le niveau égalitaire , que la puissance et la richesse aident constamment à la dérivation. Mais, et c'est là son beau rôle, la législation est là pour maintenir et corriger les écarts qui peuvent se produire, par des causes inhérentes à toute organisation sociale.

« Ce qui rend la constitution d'un État véritablement solide et durable, a dit Rousseau , c'est quand les convenances sont tellement observées, que les rapports naturels et les lois tombent toujours de concert sur les mêmes points, et que celles-ci ne font pour ainsi dire qu'assurer, accompagner et rectifier les autres. »

Le gouvernement républicain est donc celui où tout le peuple, de simple particulier passe à l'état de magistrat. Il devient forcément magistrat de par la constitution même. Il doit, selon le besoin, s'assembler extraordinairement, mais il doit aussi s'assembler ordinairement à des époques fixes, et plus ces époques seront rapprochées, plus le peuple fera acte de souveraineté, plus son gouvernement aura de puissance et de force. De plus, aussitôt que le peuple exerce sa souveraineté, qu'il discute et vote dans ses comices, aussitôt le pouvoir exécutif doit cesser d'agir , il est forcément suspendu pendant toute la durée de la délibération. Enfin le peuple ne peut déléguer son pouvoir, ni son action : son pouvoir, en nommant des représentants, son action en payant des soldats pour faire la guerre ; il doit délibérer, et en même temps tenir l'épée. Au sujet de la représentation nationale, voici du reste l'opinion de Rousssau, opinion que nous partageons sans restriction :

« L'attiédissement de l'amour de la patrie , l'activité de l'intérêt privé, l'immensité des états, les conquêtes, l'abus du gouvernement, ont fait imaginer la voie des députés ou représentants du peuple, dans les assemblées de la nation. C'est ce qu'en certain pays, on ose appeler le tiers-état. Ainsi, l'intérêt particulier de deux ordres est mis au premier et au second rang, l'intérêt public n'est qu'au troisième.

» La souveraineté ne peut être représentée, par la même raison qu'elle ne peut être aliénée ; elle consiste essentiellement dans la volonté générale, et la volonté ne se représente point ; elle est la même ou elle est autre, il n'y a pas de milieu. Les députés du peuple ne sont donc ni ne peuvent être ses représentants ; ils ne sont que les commissaires, ils ne peuvent rien conclure définitivement. Toute loi que le peuple en personne n'a pas ratifiée est nulle, ce n'est pas une loi...... (1)

» L'idée de représentants est moderne, elle nous vient du gouvernement féodal, de cet inique et absurde gouvernement dans lequel l'espèce humaine est dégradée et où le nom d'homme est en déshonneur. Dans les anciennes républiques et même dans les monarchies, jamais le peuple n'eut de représentants. On ne connaissait pas ce mot là...

» La loi n'étant que la déclaration de la volonté générale, il est clair que dans la puissance législative, le peuple ne peut être représenté ; mais il peut et doit l'être dans la puissance exécutive qui n'est que la force appliquée à la loi.... A l'instant qu'un peuple se donne des représentants, il n'est plus libre, il n'est plus. »

Et nous ajouterons : Non, il n'est plus, parce que tout pouvoir revêtu de la force publique ne tarde pas à usurper l'autorité souveraine. Ceci est non-seulement écrit dans l'histoire de tous les peuples, mais il semble que le rôle d'usurpateur appartient à l'essence même de la nature humaine.

La cause de notre ineptie politique réside dans l'absence complète de toute idée gouvernementale, applicable à une constitution forte et puissante. Cette constitution ne peut être qu'à la condition expresse d'oublier ou au moins de faire abnégation des bases sur lesquelles reposait l'ancienne machine gouvernementale, créée en vue d'assurer la domination de l'aristocratie ; sinon, toute constitution en dehors de ce point de départ ne peut tarder, malgré les idées les plus justes, à redevenir la proie des partis. Or, en premier lieu, nous réclamerons la suppression immédiate du gouvernement représentatif, qui a et qui aura toujours pour source le règne de la bourgeoisie à l'exclusion des autres classes ; aussi ne peut-on admettre, comme point de départ de la constitution à intervenir, que LA LÉGISLATION DIRECTE DU PEUPLE. Laissons ici la parole à Rittinghausen :

« La représentation nationale est une fiction, rien qu'une fiction. Le délégué ne représente que *lui-même* puisqu'il vote d'après sa propre volonté, et non selon la volonté de ses mandataires. Il peut dire *oui*, quand ceux-ci diraient *non* et il le fera dans la plupart des cas. La représentation n'existe donc pas, à moins que l'on ne veuille nommer ainsi l'action de heurter continuellement l'intérêt et l'opinion de ceux que l'on est censé représenter... Les assemblées législatives sont l'incarnation de l'incapacité, ainsi que de la mauvaise volonté, tant sous

____

(1) Rousseau semble admettre ici le principe représentatif, émanant du suffrage universel, avec cette modification, que toute loi discutée par lui ne peut être promulguée avant d'avoir reçu la sanction populaire. Comme transition l'idée est bonne, mais nous préférons notre système parce qu'il est plus radical et que, tôt ou tard, il faudra y venir.

le rapport législatif pue sous le rapport politique. En législation, elles commettent continuellement des attentats contre les libertés des peuples, ou elles livrent les deniers du pauvre aux spéculateurs ; en politique, c'est pis encore, si cela est possible. On attaque partout le bon droit des nations en se vendant au despotisme. En moins de trente ans, la France a fait sous Louis XVIII l'intervention en Espagne en faveur de Ferdinand VIII ; sous Louis Philippe, elle est intervenue pour Dona Maria dans le Portugal, elle a menacé la Suisse à différentes reprises ; sous la République enfin, elle a restauré l'absolutisme religieux dans les États romains. »

Tout cela est vrai, dira-t-on ; mais ce qui ne l'est pas, c'est la possibilité d'organiser le gouvernement direct du peuple, et cela par deux raisons : 1° parce que le peuple est trop ignorant pour faire des lois ; 2° parce que le peuple n'a pas le temps, et qu'avant de légiférer, il doit travailler pour vivre.

A ceci nous répondons : 1° Que le peuple est aujourd'hui aussi éclairé que la bourgeoisie française, à laquelle, cependant, on ne craint pas de confier les destinées du pays ; (1) qu'il y a même souvent plus d'intelligence chez un ouvrier mécanicien ou charpentier, que chez un marchand de livres ou un marchand de draps. Les bourgeois ont, de plus, de fâcheuses tendances à l'immobilisme, car ils ne comprennent ni ne pressentent l'avenir, tandis que le peuple proprement dit aspire continuellement vers le progrès, et cherche incessamment à créer une société meilleure que celle qui existe. Quant aux connaissances nécessaires pour être législateur, elles sont, suivant nous, parfaitement inutiles, il n'est besoin que de bon sens et de bonne foi ; ainsi, nous mettons en fait que sous le régime du gouvernement direct, le peuple, depuis cinquante ans, n'aurait pas laissé plus que quadrupler le budget, n'aurait pas créé par centaines des lois de compression et d'agiotage, et surtout n'aurait pas sacrifié à chaque instant les intérêts généraux aux intérêts particuliers.

Donnons un exemple. Nous sommes en 1870 : faut-il faire la guerre à la Prusse à propos du trône d'Espagne ? Si non, la question est résolue négativement ; si oui, elle est résolue affirmativement. Tout le monde a intérêt à connaître la vérité, et celle-ci ne saurait être

---

(1) Bien qu'elle semble prendre à tâche d'oublier son rôle dans toutes les circonstances difficiles. En juillet 1870, elle a laissé commencer une guerre inutile et onéreuse ; en septembre 1870, elle n'a pas su demander la conclusion d'une paix honorable, qui lui permît d'escompter l'avenir ; en mars 1871, elle a abandonné le gouvernement de son choix, pour se livrer entièrement à ses propres ennemis ; à l'heure actuelle, elle regarde, sans paraître comprendre, les désastres qu'elle n'a su ni prévoir ni empêcher, malgré les avis de ses amis et les menaces de ses ennemis. Quel avenir peut réserver à notre pays une telle incurie de la classe dirigeante, de celle au nom de laquelle toutes les révolutions politiques ont été faites !

fardée. On ne travaille plus pour une fraction, pour une coterie, on travaille pour l'universalité, pour la patrie, pour sa gloire et sa dignité.

Admettons cependant que la question présente, dans sa solution, de réelles difficultés. Ici le rôle de la presse commence, actif, incessant. Elle s'empare du débat, le discute, le commente, l'étudie, et, dans ce cas, la presse aura pour mission d'éclairer les masses. Qu'on le remarque bien, sous le gouvernement direct du peuple, le journalisme lui-même se transformera forcément; il ne soutiendra plus un parti au détriment d'un autre, il soutiendra le peuple en l'éclairant et servira les intérêts sacrés de la patrie : le journalisme deviendra dès ce moment un véritable sacerdoce.

2° Le peuple n'a pas le temps de légiférer. Peut-être bien, au début, se produira-t-il quelques obstacles dans l'exercice du droit de souveraineté populaire ; car, outre la constitution nouvelle à intervenir, un grand nombre de lois devront être abrogées et promulguées. Nous croyons même que l'apprentissage sera rude et durera un an ou deux ; mais après l'apprentissage, pour lequel quelques sacrifices sont nécessaires, le droit de souveraineté passera dans les mœurs, et le peuple l'exercera sans difficulté, sans perte de temps et sans entraves. Dans les campagnes, l'exercice de la souveraineté ne dépassera pas le quart du temps que le paysan perd à parcourir inutilement les foires et marchés ou à célébrer les fêtes carillonnées ; et dans les villes les quelques soirées mensuelles passées au comice seront, pour le peuple, préférables à celles perdues au cabaret ou ailleurs.

Tels sont nos principes, et quoique rapidement exposés, ils nous paraissent assez largement se compléter les uns par les autres, pour qu'il soit possible, ultérieurement, en les reprenant en sous-œuvre, d'en faire un corps de doctrine. Il nous reste seulement comme conclusion, à proposer un *projet* de constitution, qui complétera d'une manière plus tangible nos idées d'organisation sociale.

PROJET DE CONSTITUTION.[1]

Droit public.

Article 1er. — Tous les hommes sont égaux par la nature et devant la loi.

---

(1) La France est le plus fécond et le plus riche pays du monde en constitutions. Malheureusement, elle n'en est pas mieux constituée pour cela. Depuis 1789, nous avons eu 18 constitutions, savoir :

1. Constitution du 3 septembre 1791, dont la durée a été de 15 mois environ. — 2. Cons-

— 14 —

Art. 2. — La souveraineté réside dans le peuple; elle est une et indivisible, imprescriptible et inaliénable.

Art. 3. — Aucune portion du peuple ne peut exercer la puissance du peuple entier, mais chaque section du souverain assemblé doit jouir du droit d'exprimer sa volonté avec une entière liberté.

Art. 4. — Le peuple aura toujours le droit de revoir, de réformer et de changer la présente constitution, une génération ne pouvant assujettir à ses lois les générations futures.

Art. 5. — Chaque citoyen a un droit égal de concourir à la formation de la loi et à la nomination de ses mandataires chargés du pouvoir exécutif.

Art. 6. — La garantie sociale consiste dans l'action de tous pour assurer à chacun la jouissance et la conservation de ses droits. Cette garantie repose sur la souveraineté nationale.

Art. 7. — Les fonctions publiques sont essentiellement temporaires; elles ne peuvent être considérées comme des distinctions, ni comme des récompenses, mais comme des devoirs. Tout fonctionnaire est responsable de ses actes.

Art. 8. — Le droit de propriété est celui qui appartient à tout citoyen de jouir et de disposer à son gré de ses biens et de ses revenus, du fruit de son travail et de son industrie. Il n'est dérogé à ce droit que si la nécessité publique légalement constatée l'exige et sous la condition d'une juste et préalable indemnité.

Art. 9. — Le droit de manifester, en termes honnêtes, sa pensée et ses opinions, soit par la voie de la presse, soit de toute autre manière, le droit de s'assembler paisiblement, le libre exercice des cultes ne peuvent être interdits.

Art. 10. — Tous les citoyens contribuent indistinctement dans la proportion de leur fortune, aux charges de l'État, mais nulle contribution ne peut-être établie que par l'unité générale. Tout citoyen a droit d'en surveiller l'emploi et de s'en rendre compte.

titution du 24 juin 1793, dont la durée a été de 10 mois environ. — 3. Constitution du 13 vendémiaire an II, dont la durée a été de 2 mois. — 4. Constitution du 14 frimaire an II, dont la durée a été de 15 mois. — 5. Constitution du 15 fructidor an III, dont la durée a été de 4 ans et demi. — 6. Constitution du 22 frimaire an VIII, dont la durée a été de 2 ans. — 7. Constitution des 14 et 15 thermidor an X, dont la durée a été de 2 ans. — 8. Constitution du 28 floréal an XII, dont la durée a été de 10 ans. — 9. Constitution du 6-9 avril 1814, dont la durée a été de 3 mois. — 10. Constitution du 4 juin 1814 (La Charte), dont la durée a été de 9 mois. — 11. Constitution du 22 mars 1815 (Acte additionnel), dont la durée a été de 2 mois. — 12. Ordonnance du 7 juillet 1815, dont la durée a été de 15 ans. — 13. Constitution du 7 août 1830 (Charte Louis-Philippe), dont la durée a été de 18 ans. — 14. Constitution du 12 novembre 1848, dont la durée a été de 2 ans. — 15. Régime du 2 décembre 1851, dont la durée a été de 1 mois et demi. — 16. Constitution du 14 janvier 1852, dont la durée a été de 18 ans. — 17. Constitution du 8 mai 1870, dont la durée a été de 4 mois. — 18. Régime du 4 septembre 1870 (Gouvernement de la Défense nationale).

Art. 11. — Les secours publics sont une dette sacrée. La société doit la subsistance aux citoyens malheureux, soit en leur procurant du travail, soit en assurant les moyens d'exister à ceux qui sont hors d'état de travailler.

Art. 12. — L'instruction est le besoin de tous, aussi l'instruction primaire est-elle gratuite et obligatoire.

Art. 13. — La conscription est abolie. Tous les Français appartiennent à l'armée, par catégorie d'âge et jusqu'à quarante-cinq ans.

Forme du gouvernement.

Art. 14. — La République est la forme de gouvernement acceptée par la nation, parce qu'elle seule peut garantir à l'homme la jouissance de ses droits naturels qui sont l'égalité, la liberté et la solidarité. (1)

Art. 15. — Le peuple souverain commande les forces de terre et de mer, déclare la guerre, fait les traités de paix, d'alliance et de commerce. Il nomme à tous les emplois d'administration publique ; à lui seul appartient la puissance législative, le sanctionnement et la promulgation des lois.

Art. 16. — Tout citoyen âgé de 21 ans et jouissant de ses droits civils est électeur.

Art. 17. — Tout électeur âgé de 25 ans est éligible.

Art. 18. — Le peuple se divise en sections de 1,000 citoyens, soit pour les 10,416,668 électeurs inscrits, 10,417 sections pour la France entière. Chaque section s'assemble une fois tous les quinze jours dans un local approprié, elle nomme un président, un vice-président et deux secrétaires dont les fonctions sont trimestrielles. Une vacance, dont la durée varie suivant les circonstances, peut être proposée chaque année au vote par le pouvoir exécutif.

Art 19. — Le président soumet à la section assemblée la nature des votes à émettre ; chaque citoyen peut prendre la parole. La discussion close, on passe au vote.

Art. 20. — Le vote dépouillé par le président de la section est adressé au maire du siége de la section, qui le transmet immédiatement au directeur du département, qui, après le dépouillement général des votes des sections départementales, en adresse le résultat au ministère.

Art. 21. — Les ministres sont nommés par le peuple, ils représentent le pouvoir exécutif.

Art. 22. — Ils sont au nombre de huit, savoir : le ministre des

---

(1) C'est avec intention que nous employons ce mot, qui nous semble plus expressif que celui de *fraternité*, tout en répudiant énergiquement les nouvelles doctrines des associations qui l'ont employé avant nous. Toutes les classes d'une nation sont et doivent rester solidaires entre elles, comme les individus.

affaires étrangères, de l'intérieur, des travaux publics, des finances, de l'agriculture, du commerce, de la guerre et de la marine.

Art. 23. — Leurs fonctions sont limitées à la volonté du peuple, qui peut par son vote maintenir le conseil des ministres ou le révoquer. Chaque ministre prend à tour de rôle et mensuellement le titre de président du conseil.

Art. 24. — Dès qu'un certain nombre de citoyens demandent une loi nouvelle sur une matière quelconque ou la réforme d'une loi ancienne, le projet est envoyé au ministère et selon sa nature au ministre chargé de son exécution. Celui-ci élabore la question, la rédige et l'adresse au conseil de la magistrature.

Art. 25. — Le ministre des affaires étrangères doit particulièrement, et sur son initiative, soumettre aux délibérations du peuple les propositions qui intéressent les affaires extérieures, telles que la paix, la guerre, les cessions ou échanges de territoire, les traités de commerce, etc... Les autres ministres ont également le droit d'initiative pour la présentation de lois exceptionnelles intéressant leur département.

Art. 26. — Le conseil de la magistrature est nommé par le peuple, sur la présentation que lui fait le ministère d'un certain nombre de jurisconsultes, chargés de rédiger et de concilier les questions de faits avec les questions de droit.

Art. 27. — Leurs fonctions, comme celle des ministres, sont limitées à la volonté du peuple, qui peut par son vote les maintenir ou les révoquer.

Ordre judiciaire.

Art. 28. — La justice est rendue au nom du peuple français.

Art. 29. — La magistrature est inamovible.

Art. 30. — Tout électeur sachant lire et écrire fait partie de droit du jury. Aucun tribunal ne peut rendre de jugement s'il n'est assisté d'un jury dont l'organisation sera déterminée par une loi spéciale.

Dispositions particulières

Art. 31. — Les colonies sont régies par les lois en vigueur en France.

Art. 32. — La présente Constitution est placée sous la sauvegarde du peuple français qui devra la défendre et la faire respecter.

Nous n'avons certes pas la prétention d'avoir dit le dernier mot sur un sujet aussi grave. Nous n'ignorons pas que nous n'émettons aujourd'hui qu'un projet discutable sur bien des points, projet qui nous paraît cependant susceptible de servir de base à la constitution future du peuple français.

9 782012 463684